Der eine gab mir die Motivation,
der andere die Inspiration.
Vielen Dank euch Christian und Tayfun.

Deine vermeintliche, persönliche Meinung war ab dem Moment bereits schon keine tatsächliche freie Meinung mehr von dir selbst, nachdem dir diese, zuvor durch den Druck der mehrheitlich anerkannten gesellschaftlichen Auffassung, unbemerkt in deinen Verstand "eingepflanzt" worden war...!

Dennis Hans Ladener

Du bist nicht Du, wenn du wohlerzogen bist!

„Eine strikte Aufforderung dazu Du Selbst zu sein."

Freidenker

1. Auflage
© 2022 Dennis Hans Ladener
(dladener@googlemail.com)

Alle Rechte vorbehalten, insbesondere das Recht auf Vervielfältigung und Verbreitung sowie Übersetzung. Kein Teil dieses Buches darf in irgendeiner Form ohne schriftliche Genehmigung des Autors reproduziert oder unter Verwendung elektronischer Systeme verarbeitet, vervielfältigt bzw. verbreitet werden.

Herstellung und Verlag: BoD – Books on Demand, Norderstedt.

ISBN: 9783756205981

Dennis Hans Ladener geboren am 11.05.1990 in Köln, ist ein deutscher **Philosoph und Schriftsteller,** welcher bereits im jungen Alter von 31 Jahren geschafft hat **34 Bücher** in Eigenregie auf den Markt zu bringen.

Biografie

- **Mein Weg als einfacher Wachmann hin zur Philosophie** „Memoiren eines produktiven Geistes..." (2021)

System / Gesellschaftskritik

- *Freigeist: Meinung frei schnauze (2021)*
- *Dystopie / Utopie: Schlimmer geht's immer, besser wird's nie! (2020)*
- *Demokratie? Eine Einführung der unterschiedlichen Herrschaftsvariationen (2021)*
- *Die 4 Säulen des Scheiterns (2019)*
- *SklavenLEBEN (2020)*
- *Eine Kritik des modernen Menschen (2020)*
- *Equilibrium: Das neue Gleichgewicht (2021)*

Verschwörungstheorien

- *Was wäre gewesen wenn...?*
  Weltgeschichtliche Ereignisse neu interpretiert
  (2021)
- *Verschwörungen:*
  Fiktion oder Wirklichkeit? (2020)
- *Reset: Der Anfang einer*
  Neuen Welt (2018)
- *Die COVID-19 Diktatur (2021)*
- *Die BRD Verschwörung (2020)*
- *Die Rothschild & Bilderberger Verschwörung*
  (2in1 Edition) (2020)

Philosophie

- *Du bist Gott! (2020)*
- *Die Wahrnehmung der Welt (2020)*
- *Freiheit vom Leid (2020)*
- *Die hartnäckige Illusion des ICH'S (2020)*
- *Das Handbuch der Welt:*
  -New Edition (Sonderedition 2021)
- *Das Handbuch der Welt (2019)*
- *Die Datenwelt Theorie (2015)*
- *Die Datenwelt Theorie 2.0 (New Edition 2019)*
  Sudelbuch: Philosophische Notizen mit Biss...!
  (2021)
- *Arthur Schopenhauer:*
  Eine "kleine" Einführung (2019)
- *Die höhere Erkenntnis:*
  -New Edition (Sonderedition 2021)
- *Die höhere Erkenntnis:*
  Ein Weg zum besseren Verständnis der Welt
  (2014)
- *Eine kurze Zusammenfassung*
  des Ganzen (2014)
- *Eine kurze Zusammenfassung des Ganzen & Die*
  höhere Erkenntnis: (2in1 Sonderedition 2015)

„Ich war wohl schon immer ein klein wenig sonderbar und verbrachte bereits in meiner Kindheit viel Zeit damit über die Welt nachzudenken. Fantasie, Vorstellungskraft, sowie eine stark ausgeprägte natürliche Neugierde waren hierbei stets meine treuesten Begleiter."

„Das Geheimnis dahinter, warum ich so geworden bin wie ich bin, liegt wohl darin verborgen, dass ich es stets vermieden habe ein „Erwachsener" zu werden!"

2011 beendete er erfolgreich seine Ausbildung zur **„Fachkraft für Schutz und Sicherheit".** Von nun an konnte er sich voll und ganz auf sein „persönliches Studium" der Philosophie konzentrieren.

„Mit 21 Jahren verliebte ich mich endgültig in die Philosophie und schließlich auch in die Gedankenwelt Arthur Schopenhauers.
Es war ein langer, einsamer, sowie steiniger Weg. Doch bereut habe ich es nie ihn gegangen zu sein!"

Inhaltsangabe

Vorwort
Seite: 11
Einleitung
Seite: 13

Erziehung
Seite: 15
Normalität
Seite: 32
Potentialentfaltung
Seite: 41

Schlusswort
Seite: 52

Vorwort

All die zunächst durchaus, vielleicht etwas unorthodox wirkenden Ansichten, welche ich innerhalb dieses Werkes vertrete, sollen nicht dazu dienen, irgendwelche Personen zu provozieren oder zu verletzen. Sie spiegeln lediglich meine, über die Jahre selbst angesammelten, persönlichen Erfahrungen zu dieser Thematik wieder und auch wenn der Inhalt oftmals etwas verallgemeinert erscheinen mag, bin ich mir dennoch vollkommen darüber im Klaren, dass andere Menschen auch vollkommen andere Meinungen zu diesem Thema haben werden.

Wir alle nehmen unseren gesellschaftlichen Alltag in der Regel doch recht unterschiedlich wahr, manch einer durch den Blick der "Lila-Laune-Brille" und pessimistischere Gestalten wie ich, nun einmal durch die Brille der Ernüchterung.

Doch niemand hat dabei endgültig Recht oder Unrecht, es kommt wohl vielmehr auf die Betrachtungsweise an, mit welcher man an den jeweiligen Sachverhalt heranritt!

Lass mich Dir nun meine Betrachtung zeigen...

Einleitung

Seit der Sekunde unserer Geburt steht uns allen ein unglaubliches Potential zur Verfügung, unser tief in uns schlummerndes, tatsächliches Selbst als Individuum Mensch, sowohl nach innen, als auch nach außen hin, frei zu entfalten.

Doch aufgrund zahlreicher, stetig von außerhalb auf uns einprasselnder Variationen an Erziehungsprozessen, sei es durch die Politik, der Wissenschaft, der Religion, den jeweilig herrschenden familiären Strukturen, Freunde (ja auch Freunde können durchaus erziehend auf uns einwirken), Vorbilder, schulischen Einrichtungen oder Vorgesetzten innerhalb des Berufslebens, wird dieses ursprüngliche und reine Potential systematisch Stück für Stück in Richtung der vorherrschenden, gesellschaftlich anerkannten, sowie genormten Vorstellung von "Normalität" ummodelliert.

Erst durch das Zerbrechen dieser geistigen Fesseln, kann überhaupt erst wieder die Entfaltung unseres "eigentlichen möglichen Selbst" erfolgen, doch das Erwachen aus dem Tiefschlaf fällt äußerst schwer, nachdem man sich bereits schon so lange Zeit an den doch recht bequemen Zustand der gesellschaftlichen kognitiven Dissonanz gewöhnen konnte.

„Erziehung"

Durch die Erziehung "ziehen" wir all die Menschen, welche wir zu erziehen versuchen, lediglich "zu etwas hin", anstatt ihnen dabei zu helfen, ihr "tatsächliches Selbst" (Potential) stattdessen frei zu "entfalten"!

1.0 Erziehung

Das wohl erstrebenswerteste Ziel, welches ein jeder Mensch sich frühzeitig setzten sollte, ist die freie Entfaltung, sowie Entwicklung seines eigenen persönlichen Selbst, denn wir alle gehen leider allzu oft viel zu selbstverständlich mit der Annahme durch unsere Leben, das wir tatsächlich völlig frei und eigenständig die Kontrolle über unser persönliches Ich und unsere Art des eigenen Denkens, sowie unseres Handelns inne haben, doch können wir dieser Annahme wirklich glauben schenken oder belügen wir uns dabei nicht viel eher (bewusst oder unbewusst) permanent nur selbst?

"Die familiäre-Erziehung" innerhalb der eigenen Familie nimmt bis auf bestimmte Ausnahmen in der Regel wohl zunächst einmal den größten Einfluss auf unsere persönlich Entwicklung innerhalb unserer ersten beiden Lebensjahrzehnte ein, insbesondere bis zu ungefähr unserem **12. - 14. Lebensjahr** ist unser eigenes Schicksal doch meist sehr eng mit dem (vermeintlichen) "Wohlwollen" unserer Eltern oder engsten Verwandten verknüpft, welche durch ihre jeweilige Vorstellung von Moral und Erziehung den ersten und sicherlich auch bedeutsamsten Grundstein (egal ob positiv oder negativ) für den Menschen gelegt haben, **welcher aus uns einst erst noch werden sollte!**

Nicht selten wird bei der dabei angewandten Erziehungsmethode des jeweiligen Erziehungsberechtigten (oftmals unbewusst) auf bereits in der eigenen Vergangenheit verinnerlichte Erfahrungswerte zurückgriffen, welche sie als Kind durch die Erziehung ihrer eigenen Eltern vermittelt bekommen haben.

Die Grundlage einer jeden angewandten Erziehung beruht somit zumeist auf der

Grundlage der Erziehung der eigenen Eltern, deren Eltern ihrerseits bereits schon selbst durch ihre Eltern und deren Erziehung maßgeblich beeinflusst worden waren!

Natürlich entsteht durch die stetige Vermischung der Stile zweier unterschiedlicher Elternteile, sowie dem zusätzlich anteiligen hinzufügen an Ansichten und Methodiken "ihrer eigenen Epoche" zwar durchaus eine gewisse Art an Variation, **-der Kern der Sache-** wird dabei jedoch dennoch stets wieder aufs Neue an die nächste Generation weitervererbt.

"Der gemeinsame Grundpfeiler" der Erziehung aller Eltern stellt zumeist nichts weiteres dar, als ein lediglich ungefähres "Spiegelbild der jeweiligen regionalen gesellschaftlichen Etiketten und Normen", welche für Jedermann und jede Frau Tag ein Tag aus den grob einzuhaltenden Takt des alltäglichen gesellschaftlichen Schauspiels vorgeben, zumindest immer dann, wenn man von seiner Umwelt als ein braver artiger Bürger, sowie umgänglicher Mitmensch wahrgenommen werden möchte.

Ein großer Anteil der sogenannten Erziehung vermittelt seine Lehre somit auf der Grundlage "ungeschriebener Gesetze des Zusammenlebens", quasi eine gesellschaftliche verbindliche Forderung eines bestimmten Verhaltens. Hervorragend geeignet von und für Menschen, welche mit Sicherheit vieles wollen, aber garantiert nicht allzu sehr negativ aus der Masse herauszustechen.

Anstatt einem jungen Menschen also tatsächlich dabei zu helfen, all das aus ihm herauszuholen, was bereits in ihm steckt, **"ziehen wir ihn"** stattdessen durch das buchstäbliche Einprogrammieren des gesellschaftlich anerkannten Standards durch die Erziehung **"lediglich zu etwas hin"**!

Die Entwicklung des einzelnen Individuums sollte jedoch die faire Chance erhalten, sich tatsächlich durch dessen entwickeln zu können, was bereits schon in ihm angelegt ist, es muss die Möglichkeiten dafür erhalten, sich natürlich entfalten zu dürfen, doch anstatt uns unser wahres Potential als Mensch wirklich zu zugestehen, hat man uns stattdessen durch unsere Erziehung lediglich **"normal"** werden lassen, dadurch wurde dir und mir allerdings einen nicht zu unterschätzenden Anteil unseres wahren tatsächlichen Selbst geraubt...

1.1 Schule

Das öffentliche Schulsystem, in der uns heute bekannten Form, wurde maßgeblich durch das Zeitalter der Industrialisierung geprägt, da zu jener Zeit die sogenannte "Massenfertigung" immer mehr in den allgemeinen Vordergrund der Gesellschaft rückte, diente dieses Konzept den ursprünglichen Schöpfern des heutigen Schulsystems dabei maßgeblich als Blaupause.

Der grundlegende Gedanke hinter ihrem System bestand darin, den Nachwuchs zunächst einmal nach unterschiedlichen Altersgruppen zu sortieren, um sie dann strickt getrennt voneinander in verschiedenen Klassenräumen zu verteilen, in welchen die Kinder in einem jeweils fest vorgegebenen Zeitraum ihre jeweiligen Aufgaben zu verrichten hatten und durch ein äußerst präzises akustisches Signal mitgeteilt bekamen, wann ihnen ihre exakt festgelegte Erholungspausen zustanden und wann nicht.

Das wohl abzusehende Ergebnis dieses stark vom "Maschinenzeitalter" inspirierten Modells, waren auf stumpfe Massenabfertigung ausgerichtete Einrichtungen, welche völlig vom eigentlichen Leben abgeschirmt und von autoritärem Verhalten durchdrungen waren, alles diente primär stets nur einem einzigen angestrebten Ziel:

"Ununterbrochen möglichst schnell und effektiv die so dringend benötigten neuen Generationen an gehorsamen Arbeitskräften zu reproduzieren!"

Dieses zwar durchaus auf gewisse Art effizient wirkende System brachte auch tatsächlich viele Menschen hervor, welche die fundamentalsten Dinge wie lesen, schreiben und rechnen beherrschten, dieses industriell geprägte Modell von Schule trug allerdings gleichzeitig auch bereits schon den Keim **"aller dadurch erst noch folgenden Probleme"** in sich, mit denen wir auch heutzutage ebenfalls noch unglaublich stark zu kämpfen haben:

Es selektiert viel zu radikal und ohne nennenswerten Sinn oder Verstand unseren Nachwuchs in vermeintlich "dumme und kluge" Kinder!

"Kluge Kinder" gelten als solche, welche dieses System der Schule erfolgreich für sich selbst annehmen und verinnerlichen konnten, um dafür später nicht selten mit einer geistigen, anstelle einer körperlichen Arbeit, sowie einer höheren Entlohnung ihrer ausgeübten Tätigkeit entlohnt zu werden.

"Dumme Kinder" gelten als solche, welche innerhalb dieses schulischen Gebildes als gescheitert angesehen werden, sie müssen daher als Lehrlinge oder ungelernte Hilfskräfte "niedere

Tätigkeiten" während ihres Berufslebens ausüben.

Dieses vollkommen veraltete und längst auf den Scheiterhaufen gehörende Konzept von augenscheinlich **"fatal falscher Bildungsvermittlung",** welches ursprünglich überhaupt erst aus niederträchtigen Beweggründen konzipiert wurde und eher einem **"Massenvernichtungslager des Menschseins"** gleicht, mit all seinen fälschlichen Auffassungen von tatsächlicher Bildung, ist dennoch solch dermaßen tief in den Köpfen der Eltern, Lehrern und unserer Gesellschaft eingebrannt worden, **das es seit Generationen nur allzu bereitwillig immer wieder aufs Neue weitergegeben, sowie in Schutz genommen wurde.**

1.2 Freunde & Vorbilder

Eigenschaften anderer Menschen als "Quelle der Inspiration" für die eigene Entwicklung zu nutzen ist Perse nicht unbedingt stets etwas schlechtes, sondern durchaus ein akzeptabler Ansatz dafür herauszufinden, welche wünschenswerte Aspekte "das eigene Selbst" im Laufe seiner Entwicklung einst erst noch annehmen soll, das ganze sollte dabei aber -auf gar keinen Fall- in eine Art "Personenkult" ausarten!

Es wird sicherlich immer wieder den ein oder anderen Moment während unserer Lebzeiten geben, wo Menschen innerhalb unseres eigenen Umfeldes (bzw. Stars, Schauspieler, Sportler, Schriftsteller usw.), irgendwelche Fähigkeiten/(Wissen) oder Charaktereigenschaften besitzen, mit welchen wir uns plötzlich "schlagartig identifizieren" können, obwohl wir diese an uns selbst noch nie bemerkt haben.

Dies ist ein deutliches Anzeichen dafür, dass wir uns gegebenenfalls vielleicht doch etwas näher mit diesen Dingen befassen sollten, welche in uns diesen Impuls ausgelöst haben, der anscheinend unser "innerstes Interesse" erweckt hat.

Was aber nicht gleichzeitig auch bedeuten soll, dass wirklich automatisch jeder dieser Aspekte auch tatsächlich vorteilhaft für uns selbst und unsere persönliche Entwicklung ist...!

1.3 Wissenschaft & Religion

Wir gestehen uns nur ungern ein, das es sehr gut möglich sein kann, das die Dinge, an welche wir aus **"Überzeugung"** so sehr glauben, dennoch dazu missbraucht werden können, um uns zu einem Höchstmaß zu manipulieren und zu unterdrücken.

Sowohl die "Wissenschaft", als auch die "Religion", üben beide einen verführerischen Reiz aus, das ihre jeweiligen Aussagen bedingungslos geglaubt werden können, doch wie viele derer, welcher ihrer Behauptungen verfallen sind, besitzen auch zeitgleich das benötigte **"Know-how",** um jegliche "instrumentalisierte Fiktion" von der tatsächlich gegebenen Faktenlage unterscheiden zu können?

Der Glaube unterscheidet sich von eigenständig erarbeitetem Wissen insoweit, da für das eine hauptsächlich

"Vertrauen" und für das andere eine ordentliche Portion "Fleiß" notwendig ist, um es zu erlangen!

Überlege dir also zunächst, bevor du etwas als absolut wahr deklarierst, sehr wohl, ob du die Märchen hinter all der vermeintlichen Wahrheit überhaupt als solche tatsächlich durchschauen könntest.

1.4 Politik & Medien

Wir Deutschen fallen in der Regel wirklich nur äußerst ungern gesellschaftlich allzu negativ auf und lieben es deshalb wahrscheinlich auch so sehr, oftmals vollkommen unbedacht, politischen, sowie medialen Aussagen "blindlings" unser Vertrauen zu schenken.

Unser stark ausgeprägter Hang nach "Political Correctness" in Verbindung mit unserem, dafür deutlich weniger stark ausgeprägten Drang bereits gut vorgekaute "Mainstream-Kost" eigenständig in Frage stellen zu können oder zu wollen, bilden eine gesellschaftlich fatale Mischung der konsequenzreichen **geistigen "Gleichschaltung"**.

"Dadurch das ich selbst ja schon überhaupt keine eigene Meinung mehr besitze, da ich entweder zu feige, zu dumm oder zu faul bin, mir eine eigenständige zu bilden, ist meine

Meinung eben stets gleich der Meinung des Mainstreams und wenn du dann nicht auch ebenfalls dieser gleichen Meinung bist wie ich und der mehrheitliche Rest der Bevölkerung, ist deine Meinung schlicht und einfach falsch!

Muss sie ja schließlich auch, da sie überhaupt nicht der Allgemeinheit entspricht, du fieser gemeiner Nazi-Schwurbler." -Das ist Deutschland

Jap, so simpel ist das Ganze, zumindest solange die Medien politisch instrumentalisiert und korrumpiert bleiben und der Hauptteil der Bevölkerung weiterhin der Meinung ist, doch noch ein wenig länger **in ihrem Zustand der geistigen Umnachtung** verweilen zu wollen.

"Die Herrschaft der sogenannten Normalen ist deshalb stets unüberwindlich, weil sie im

Vergleich zu uns Freigeistern so unglaublich viele sind und ihre Stimmen dennoch genauso zählen wie die unsrigen!"

„Normailität"

Normalität ist aus soziologischer Sicht all das Selbstverständliche innerhalb einer Gesellschaft, welches öffentlich nicht mehr erklärt und über das auch nicht mehr neu entschieden werden muss.

2.0 Normalität

Wenn sich eine Person innerhalb unseres Umfeldes allzu andersartig verhält als unsere eigene geistige Programmierung es für gut und richtig befindet, bekommen wir es nicht selten mit dem Gefühl der Abscheu und des Unwohlseins zu tun, denn alles, was zu sehr abweicht von unserer, stark durch die Gesellschaft geprägten, persönlichen Norm, sagt uns nur äußerst selten wirklich zu, **schließlich legen wir doch äußerst großen Wert auf "Normalität"!**

Doch, was ist, wenn meine Auffassung von "Normal" eine ganze andere Perspektive einnimmt, als die der absoluten Mehrheit...?

Ich persönlich empfinde es beispielsweise überhaupt nicht als "normal" mir ein Leben lang einzureden, das ich innerhalb einer vermeintlichen Demokratie lebe, obwohl doch bereits seit Jahrzehnten immer deutlicher wird, das wir dies eindeutig nicht tun.

Ich empfinde es nicht als normal 160+ Stunden im Monat oftmals für einen unmenschlich geringen Lohn zeitverschwenderische Arbeiten verrichten zu müssen, mit denen ich doch am Ende des Tages schlussendlich sowieso lediglich anderen Menschen ihre nimmersatten Taschen wieder neu befüllt habe!

Der Arbeitgeber suggeriert seinen Angestellten nicht selten, das sie doch froh darüber sein sollen, den Job überhaupt bekommen zu haben, dabei sind sie es doch genauso wie jeder noch so kleine Mitarbeiter, welche durch ihre jeweilige tagtägliche Tätigkeit den Betrieben überhaupt erst das Geld einbringen, wozu also dann noch dankbar sein, wenn einem am Ende doch selbst nur "ein Bruchteil" von dem eigentlichen

Wert übrig bleibt (Lohn), welchen man zuvor eigens erwirtschaftet hat?

Ich empfinde es nicht als normal, das ich trotz geringem Lohn, hoher steuerlicher Zwangsabgaben und immer steigenderen Fixkosten als Bürger dennoch dazu gezwungen werde, meine absolute **"Grundversorgung",** wie Unterkunft, Wasser, Strom und Nahrung tagtäglich selbstständig finanzieren zu müssen, obwohl ich doch sogar für jedes einzelne Produkt, welches ich durch meine bisschen verbliebene Kaufkraft erwerbe, ebenfalls noch einmal eine zusätzliche Steuer zahlen muss!

Wir haben uns bereits so sehr daran gewöhnt, dass von unserem **"eigens erwirtschaften Brutto Lohn"** ein maßgeblicher Anteil schlagartig wieder abgezogen wird, dass wir diesen Anteil gedanklich schon überhaupt nicht mehr als unser eigenes Geld in Betracht ziehen...

Der Staat besitzt als solches überhaupt nichts Eigenes, sondern lediglich das, was er seinen Bürgern zuvor geraubt hat, es gibt auch keine "öffentlichen Gelder", sondern lediglich Gelder von uns Steuerzahlern, Menschen wie Du und Ich, **vergiss das nicht!**

Selbst bei einem geringen Grundlohn, wo der Bürger umso mehr dazu gezwungen wird übermäßig viele Stunden zu kloppen, um auf einen Nettobetrag von 1.500/1.600 Euro zu gelangen, kommt am Ende ein halbwegs respektabler Brutto Betrag zusammen, ein Betrag, von welchem er zumindest wesentlich menschlicher hätte leben können!

Wir haben völlig den Bezug dazu verloren, das es unser eigenes Geld ist, welches wir jeden Gott verdammten Monat abdrücken müssen, wir haben uns so sehr daran gewöhnt, das sie uns einen gewaltigen Teil unseres selbst erarbeiteten Besitzes gleich wieder abnehmen, das wir es schon überhaupt nicht mehr als unseres wahrnehmen, entscheidend ist für uns doch nur noch der Betrag, welcher am Ende tatsächlich Netto übrig bleibt.

Doch wir bedenken dabei nicht, das wir jedes einzelne Mal aufs Neue, wenn wir **"für wenig Netto trotzt gutem Brutto"**, unsere Leben überhaupt nicht mehr tatsächlich leben, sondern uns lediglich **"am Leben erhalten",** dem Staat vollends in die Karten spielen...!

Ich empfinde es nicht als normal, das ich bei einer ungefähren Lebenserwartung von 80 Jahren bis zu meinem 69. Lebensjahr arbeiten gehen soll, um dann im schlimmsten Fall mit einer Rente von gerade einmal 960 Euro abgespeist zu werden, während ich gleichzeitig ein gutes Leben hätte führen können, wenn ich das Geld, welches ich über die Jahre in die Rentenkasse eingezahlt habe, selbst auf Seite hätte legen dürfen.

Ich empfinde es nicht als normal, mir die neuen Ideologien einer irre gewordenen elitären Gesellschaft aufzwingen lassen zu müssen, nur weil sich anscheinend ein Großteil der Bevölkerung bereitwillig dazu erklärt hat, alles brav herunter zu schlucken, ganz gleich, was auch immer man ihnen für einen Schwachsinn auftischen möge.

Ich empfinde es nicht als normal, das Menschen mittlerweile wieder Angst davor haben müssen, ihre eigene persönliche Meinung über politische oder gesellschaftskritische Themen zu äußern, wenn sie der Auffassung der allgemeinen Mainstream-Medien widerspricht und das man heutzutage als zumindest noch halbwegs klar denkender Mensch, für jeden eigenen laut gedachten Gedanken augenblicklich als **Nazi, Schwurbler, Aluhutträger, verrückter Spinner oder sonstiges diffamiert wird.**

Fremdenfeindlichkeit, "die Sünde anders zu sein als der Rest", anders bedeutet für die Mehrheit der Gesellschaft im Zweifelsfall doch meist immer gleich schlechter...

Vorurteile sind halt dahingehend äußerst bequem, da ich durch diese nun kein tatsächliches Urteil mehr zu Fällen brauche, sondern stets bereits ein vorgefertigtes zur Hand habe.

Jeder einzelne Mensch lebt innerhalb, eines durch äußeres einwirken beeinflussbaren geistig konstruierten Weltbildes, und versucht dieses Gebilde, aufgrund der fundamentalen Verbundenheit dessen Gegenüber, mit allen erdenklichen Methoden zu beschützen und aufrecht zu erhalten, **"selbst dann noch, wenn es ihm eigentlich selbst nur schadet!"**

All die Einflüsse von außerhalb scheinen uns also maßgeblich bei der Entfaltung unseres eigenen Inneren selbst ständig in die Quere kommen zu wollen.

"Normalität, eine extrem unterschätzte süchtig machende Abhängigkeit!"

„Potentialentfaltung"

Haben wir alle tatsächlich mühselig zu sprechen und zu gehen erlernt, nur um dann unser Leben lang vor anderen Individuen unserer eigenen Art zu kriechen und zu schweigen? Ist es nicht mein Geburtsrecht als Mensch meine persönliche Meinung jeder Zeit frei von jeglichen Ängsten öffentlich, sowohl in schriftlicher, als auch verbaler Form äußern zu dürfen, solange ich dieses Recht auch zu jeder Zeit meinem Gegenüber zugestehe?

3.0 Potentialentfaltung

"Lerne nein zu sagen!"

Um dein dir natürlich innewohnendes Potential als Mensch nach außen hin frei entfalten zu können, solltest du eventuell zunächst einmal lernen **NEIN** zu sagen, <u>ohne</u> dabei gleich im Anschluss reflexartig einen Erklärungsgrund mit zu liefern, es ist zwar durchaus eine höflich gemeinte Geste, aber keinesfalls eine tatsächliche Notwendigkeit, du stehst nicht in der grundsätzlichen Rechtfertigungspflicht eine ablehnende Haltung deinerseits jedem Menschen gegenüber argumentiv zu rechtfertigen.

"Gebe dich selbst keinerlei Vorurteilen hin!"

Sich gerne irgendwelchen Vorurteilen hinzugeben ist oftmals deshalb so unglaublich viel leichter, weil man sich dadurch selbst die Mühe einsparen kann, überhaupt erst ein tatsächliches individuelles Urteil fällen zu müssen. Selbstverständlich ist es jedoch durchaus völlig normal und richtig, das wir bereits vorhandene Erfahrungswerte in unseren alltäglichen Situationen unbewusst abrufen und in unserer Bewertung gegenüber anderer Menschen und Situationen mit einfließen lassen, wir sollten jedoch tunlichst dabei darauf achten, dass diese keinesfalls eine uneingeschränkte Kontrolle über unser jeweiliges Denken und Handeln übernehmen.

"Äußere deine eigene persönliche Meinung!"

Auch wenn es sicherlich mehr als genügend Momente im Leben gibt, wo schweigen wahrhaftig Gold ist, sollte man einen Teil seines Herzens dennoch stets auf der Zunge tragen und je nach "situationsbedingter Möglichkeit" die eigene ehrliche persönliche Meinung frei äußern, was allerdings auf keinen Fall bedeuten soll, das du gleich alles und jedem innerhalb deines Umfeldes "ungefragt" deine Meinung zu ihren privaten Problemen aufdrängen sollst!

"Lasse dir nicht alles gefallen!"

Als freier Mensch darf und sollte ich mir keinerlei Ungerechtigkeiten gegenüber meiner Person einfach so blindlings gefallen lassen, es geht hierbei nicht einmal darum ununterbrochen den Starken zu spielen oder sich in Situationen zu begeben, welche einem selbst maßgeblich schaden könnten, sondern darum, jeden Tag aufs Neue "für sich selbst einzutreten", um am Ende des Tages immer noch ohne Reue und Selbsthass in den Spiegel schauen zu können, **"jede Gutmütigkeit hat ihre Grenzen", wähle deine eigene wohlbedacht aus.**

"Lerne dir selbst und anderen zu verzeihen!"

Weder du noch ich oder sonst jemand anderes ist dazu in der Lage, ein Leben lang, Tag ein, Tag aus, hier auf Erden zu wandeln ohne dabei auch immer wieder einmal kleinere oder größere Fehler zu begehen, dies ist vollkommen menschlich und gehört zu jedem Prozess der natürlichen Entwicklung selbstverständlich mit dazu.

Gestehe dir also deine eigenen Fehler ein und lerne daraus, was es daraus nun einmal zu erlernen gab, erst wenn du schlussendlich begriffen hast, wie unglaublich wichtig es ist sich selbst verzeihen zu können, **wirst du auch begriffen haben, wie wichtig es ist ebenfalls auch anderen Menschen zu verzeihen.**

"Halte deine Ausgaben so gering wie möglich!"

Nichts verschlingt wohl mehr unsere persönliche kostbare Lebenszeit als das tagtägliche Arbeiten gehen, um an das, leider nun einmal so dringend zum Leben benötigte Geld heranzukommen. Doch solltest du deine Erfüllung nicht innerhalb deiner ausgeübten Tätigkeit gefunden haben, wäre es sicherlich ratsam darauf acht zu geben deine monatlichen Ausgaben stetig so gering wie irgend möglich zu halten, um dadurch nicht in ein allzu großes Abhängigkeitsverhältnis gegenüber deines Arbeitgebers zu verfallen.

"Kämpfe für deine Ziele!"

Das hier ist ganz allein dein Leben, "es ist deine persönliche Geschichte", du kannst also nicht erwarten oder erhoffen, das andere Menschen dir automatisch dabei helfen werden, das ein Bestseller daraus entsteht.

"Es liegt somit alles nur bei dir selbst" und deinem eigenen Ehrgeiz, sowie Durchhaltevermögen, schaffe dir daher wohl bedachte Ziele und gib alles dafür, dass sie eines Tages wahr werden können.

"Lerne egoistisch zu handeln!"

Ich alleine habe die Verantwortung für mein eigenes Dasein zu übernehmen, und wenn mir mein Dasein geraubt wird, bin auch ich es, welcher selbstständig dafür verantwortlich ist an dieser Tatsache etwas gewaltig zu verändern.

Der persönliche Egoismus wird, genauso wie der Begriff der Faulheit, gesellschaftlich allzu oft als viel zu negativ angesehen, dabei ist das Geheimnis eines jeden gesunden selbst doch nun einmal auch eben ein gesundes Maß an gesundem Egoismus und Ruhe!

Man sollte zu keinem einzigen Zeitpunkt innerhalb seines eigenen Lebens vergessen, das man zunächst einmal an aller erster Stelle allein für sich selbst leben muss und nicht für das Wohlergehen aller anderen...

Das grundlegende Problem, was wir somit nur allzu gerne allzu oft eingehen ist es, das wir zuweilen viel mehr für das Wohl anderer Menschen leben, als das wir es tatsächlich für uns selbst tun!

Beruf (Arbeitgeber/Vorgesetzter), Familie, Freunde, Partner, **jeder Mensch ist am Tag damit beschäftigt (egal ob bewusst oder unbewusst) anderen Menschen ihr aller wichtigstes Gut zu berauben, "ihre eigene persönliche Lebenszeit"!**

Ich lebe jedoch an erster Stelle stets für mich selbst, also muss ich auch zunächst einmal herausfinden, was mir wahrhaftig tatsächlich selbst etwas Positives erbringen kann und was eben nicht, und wenn ich dabei beispielsweise feststellen muss, das mich meine Freunde, meine Familie (Lebensgefährte) oder mein Beruf körperlich und oder psychisch absolut krank unzufrieden und depressiv werden lassen, kann ich dir nur den ehrlich gemeinten Ratschlag entgegenbringen schleunigst etwas an diesen Umständen zu verändern, welche deine Lebenssituation so arg verschlechterten.

Was macht dir tatsächlich Spaß, was bereitet dir wahre Freude?

Finde es jeden Tag deines Lebens aufs Neue heraus und gestehe dir dein eigenes Recht dazu ein (solange du dabei niemanden schadest), diesen für dich erfüllenden Leidenschaften ohne jegliche Rechtfertigung nachzugehen.

Es kommt dabei nicht darauf an, wie ich meine eigene Lebenszeit in den Augen meiner Mitmenschen nutze, sondern einzig und allein darauf, wie ich sie für mich selbst nutze, es ist meine persönliche Zeit und ich möchte nun einmal das machen, was ich wirklich machen möchte.

Wie oft hört man von Menschen in seinem eigenen Umfeld, was sie doch früher so alles gerne gemacht haben und heutzutage auch noch alles gerne machen würden, aber durch den Partner, der Familie und den Job bliebe dafür heutzutage einfach nicht mehr genügend Zeit übrig (bzw. nun sei man bereits zu alt dafür)

Wenn der Ratschlag gestattet sei...
mach es trotzdem einfach, ja mach es unbedingt!

**"Denn, wenn nicht jetzt,
wann bitte dann?"**

"Ehm ja ne keine Zeit, Familie und Arbeit gehen nun einmal vor."

Die meisten der armen Seelen dieser Welt, werden, sollten sie zum Tode hin ihre Leben tatsächlich noch einmal an sich vorbeiziehen sehen, ihre Zeit auf Erden allzu oft <u>in den Händen anderer</u> betrachten müssen!

Man kann durchaus eine Sucht dazu entwickeln anderen Menschen vermeintlich in allen erdenklichen Lebenslagen helfen zu wollen, doch geschieht dies nicht selten einzig und allein zu dem Zwecke, weil es einem oftmals leichter fällt sich beispielsweise für die Familie/Beruf vollends aufzuopfern und jedem Freund bereitwillig beiseite zustehen, als tatsächlich die Verantwortung für die eigene Existenz auf der Bühne des Leben zu übernehmen.

Sie leben ihr Leben doch nur für andere, weil es viel beängstigender erscheint es tatsächlich für sich selbst leben zu müssen!

Schlusswort

Es ist stets ein schmaler Grat zwischen "Fluch und Segen", doch Erziehung sollte Perse nicht nur durchgehend als etwas grundlegend Negatives angesehen werden, sie kann uns durchaus auch äußerst nützliche Programme mit auf unseren Lebensweg geben, welche sich positiv auf uns und unsere Umwelt auswirken können, genau so schnell kann sie sich aber auch entgegengesetzt auf uns übertragen!

Auch, wenn es insbesondere unsere Eltern (Familie) doch oftmals nur gut mit uns meinen, schaden sie unserer eigenen Entwicklung dabei nicht selten wesentlich tiefgreifender, als es ihnen eigentlich überhaupt selbst dabei bewusst ist.

Es ist eine Sache einem Menschen einen möglichen Pfad aufzeigen zu wollen und eine ganz andere ihn dazu zu drängen, genau eben diesen bestimmten Pfad auch tatsächlich zu beschreiten, ganz egal, ob er dies nun überhaupt selbst möchte oder nicht!

Jedem Menschen steht der Freiraum zu (solange er dabei keinem anderen schadet) sich genauso zu entwickeln, wie er es selbst für gut und richtig befindet, **"ganz ohne Wenn und Aber..."**

Bleibe stets dir selber treu und folge deinem inneren Instinkt, dies hier ist "dein Leben" und ganz alleine Du hast darüber zu entscheiden, was für eine Art Mensch du innerhalb deiner Lebensspanne sein willst.

**"Sei Du allein
der Herr über Dein Selbst!"**

Weitere Bücher des Autors

Biografie:
Mein Weg als einfacher Wachmann hin zur Philosophie

„Memoiren eines produktiven Geistes..." (2021)

BEST OF COLLECTION:
GESAMMELTE WERKE
„2011 – 2022"

System / Gesellschaftskritik:
- *Freigeist: Meinung frei schnauze (2021)*
- *Dystopie / Utopie: Schlimmer geht's immer, besser wird's nie! (2020)*
- *Demokratie? Eine Einführung der unterschiedlichen Herrschaftsvariationen (2021)*
- *Die 4 Säulen des Scheiterns (2019)*
- *SklavenLEBEN (2020)*
- *Eine Kritik des modernen Menschen (2020)*
- *Equilibrium: Das neue Gleichgewicht (2021)*

Verschwörungstheorien:

- *Was wäre gewesen wenn...?*
  Weltgeschichtliche Ereignisse
  neu interpretiert (2021)
- *Verschwörungen:*
  Fiktion oder Wirklichkeit? (2020)
- *Reset: Der Anfang einer*
  Neuen Welt (2018)

Verschwörungen für Anfänger:
1. *Die COVID-19 Diktatur (2021)*
2. *Die BRD Verschwörung (2020)*
3. *Die Rothschild & Bilderberger*
   Verschwörung (2in1 Edition) (2020)

Philosophie:

Philosophie für Anfänger: Band 1-4
1. *Du bist Gott! (2020)*
2. *Die Wahrnehmung der Welt*
   (2020)
3. *Freiheit vom Leid (2020)*
4. *Die hartnäckige Illusion*
   des ICH'S (2020)

- *Das Handbuch der Welt:*
  -New Edition (Sonderedition 2021)
- *Das Handbuch der Welt (2019)*

- *Die Datenwelt Theorie (2015)*
- *Die Datenwelt Theorie 2.0*
  (New Edition 2019)

- *Sudelbuch: Philosophische Notizen mit Biss...! (2021)*

- *Arthur Schopenhauer: Eine "kleine" Einführung (2019)*

- *Die höhere Erkenntnis: -New Edition (Sonderedition 2021)*
- *Die höhere Erkenntnis: Ein Weg zum besseren Verständnis der Welt (2014)*

- *Eine kurze Zusammenfassung des Ganzen (2014)*
- *Eine kurze Zusammenfassung des Ganzen & Die höhere Erkenntnis: (2in1 Sonderedition 2015)*

"Jeder Mensch sollte stets für sich selbst ein eigenständiges Individuum bleiben!"

Eigene Gedanken

www.ingramcontent.com/pod-product-compliance
Lightning Source LLC
LaVergne TN
LVHW041552070526
838199LV00046B/1932